LES CHASS D'AF.

Société Amicale et Fraternelle

DES

Anciens Chasseurs d'Afrique

SIÈGE SOCIAL

Union des Sociétés Régimentaires

111, Boulevard, Sébastopol

PARIS

SOCIÉTÉ AMICALE & FRATERNELLE

DES

Anciens Chasseurs d'Afrique

SIÈGE SOCIAL :

1, Avenue de la Stéphanique

et 61, Rue de Malte

INDICATIONS A REMPLIR

PAR L'ADHÉRENT

Nom ....

....

Prénoms ....

Profession et Qualité ....

....

Domicile ....

....

Nº du Régiment ....

Grade ....

Classe ....

Décorations ....

....

Présenté par M. ....

....

....

Bulletin d'Adhésion

le   1

Monsieur le Président,

Après lecture des Statuts de la Société, j'ai l'honneur de vous prier de vouloir bien m'inscrire en qualité de membre ....

....

à dater du ....

Veuillez me faire l'envoi de la carte d'identité

Ci-joint :

Pour droit d'entrée et d'inscription   1 fr.

La cotisation annuelle est de 12 fr. payable en entier ou par 1/4 trimestriellement, soit . . . .

Un versement annuel de 20 fr. donne droit au titre de membre honoraire. . . . .

Un versement unique de 250 fr. donne droit au titre de membre donateur bienfaiteur de la Société.

Don volontaire. . . . .

Total.

Veuillez agréer, Monsieur le Président, mes sincères salutations

Signature :

Prière d'adresser ce bulletin d'adhésion rempli à Monsieur Wallart, Président, ainsi que les mandats et bons de poste.

SOCIÉTÉ
des
Anciens Chasseurs d'Afrique

Siège Social :

CERCLE DE L'UNION DES SOCIÉTÉS
RÉGIMENTAIRES
111, Boulevard Sebastopol, 111

PARIS

Jᵉ Beuzon.

Monsieur et cher Camarade,

Nous vous soumettons le Programme des Fêtes qui seront données dans le courant de l'année.

Aux réunions mensuelles des mois suivants : **Octobre, Décembre, Janvier, Mars et Avril,** la séance sera divisée en deux parties.

1ʳᵉ Partie (8 h. 1/2 à 9 h. 1/2), discussion de l'ordre du jour :

2ᵐᵉ Partie (9 h. 1/2 à 11 h.), Concert intime réservé aux Sociétaires.

(*Ces concerts ayant lieu dans les locaux du*

Programme
de l'Année

OCTOBRE *Réunion ordinaire, Concert intime.*

NOVEMBRE *Banquet.*

DÉCEMBRE *Réunion ordinaire, Concert intime.*

JANVIER. *id.* *id.*

FÉVRIER *Bal annuel.*

MARS *Réunion ordinaire, Concert intime.*

AVRIL *id.* *id.*

MAI *Grand Concert.*

JUIN *Réunion ordinaire.*

JUILLET *id.*

AOUT *id.*

SEPTEMBRE *id.*

Cercle, les Dames ne peuvent y être admises).

Le premier Samedi de **Novembre** :

BANQUET

où seuls les Membres de la Société seront admis.

Le premier Samedi de **Février** :

BAL ANNUEL

au profit de la Caisse de secours

En **Mai** prochain :

GRAND CONCERT

auxquels pourront assister les Sociétaires, leurs familles et leurs invités

Le Comité compte sur votre présence à ces différentes fêtes afin d'en rehausser l'éclat.

LE SECRÉTAIRE GÉNÉRAL,

G. SCHAEFER.

LE PRÉSIDENT,

P. WALLART.

LE COMMISSAIRE GÉNÉRAL DES FÊTES,

F. MÜLLER.

RÉPUBLIQUE FRANÇAISE
—
Préfecture de Police
—
CABINET

2ᵉ Bureau — 1ʳᵉ Section
—
Nᵒ du Dossier 77.527

SOCIÉTÉ AMICALE

ARRÊTÉ

qui en autorise

la constitution

NOUS, PRÉFET DE POLICE,

Vu la demande à Nous adressée, le 30 Mars 1899 par les personnes dont les noms et adresses figurent sur la liste ci-jointe, demande ayant pour but d'obtenir l'autorisation nécessaire à la constitution régulière d'une Association fondée à Paris, sous la dénomination de : **LES CHASS D'AF.**

Vu les statuts de la dite Société, annexés au présent arrêté ;

Vu l'article 291 du Code pénal et la loi du 10 avril 1834 sur les Sociétés.

ARRÊTONS :

ARTICLE 1ᵉʳ. — La Société organisée à Paris sous la dénomination de " Les Chass d'Af " est autorisée à se constituer et à fonctionner régulièrement.

ARTICLE 2. — Les membres de la Société devront se conformer strictement aux conditions suivantes :

1º Justifier du présent arrêté au Commissaire de Police du quartier sur lequel auront lieu les réunions.

2º Faire connaître à la Préfecture de Police, au moins cinq jours à l'avance, le local, le jour et l'heure des réunions générales.

3º N'y admettre que les membres de la Société et ne s'y occuper, sous quelque prétexte que ce soit, d'aucun objet étranger au but indiqué dans les statuts, sous peine de suspension ou de dissolution immédiate.

4º Ne pas organiser de réunions permanentes dans un local spécial ;

5º Nous adresser, chaque année, une liste contenant les noms, prénoms, professions et domiciles des sociétaires, la désignation des membres du bureau, sans préjudice de documents spéciaux que la Société doit également fournir chaque année sur le mouvement de son personnel et sur sa situation financière.

ARTICLE 3. — En cas de modifications aux statuts annexés au présent arrêté, la Société devra demander de nouveau à la Préfecture de Police l'autorisation prescrite par l'art. 291 du Code pénal.

ARTICLE 4. — Ampliation du présent arrêté, qui devra être inséré en tête des statuts, sera transmise au Commissaire de Police du quartier Bonne-Nouvelle, qui le notifiera au Président de la Société et en assurera l'exécution en ce qui le concerne.

Fait à Paris, le 9 Juin 1899.

Pour ampliation

Le Secrétaire-Général

SIGNÉ :

illisible.

Le Préfet de Police,

SIGNÉ :

CHARLES BLANC.

SOCIÉTÉ

DES

Anciens Chasseurs d'Afrique

LISTE DES MEMBRES DE LA SOCIÉTÉ

MEMBRES D'HONNEUR

MM. Gal du BARAIL - Gal de GALLIFFET

C^{el} Robert d'ORLÉANS, Duc de Chartres - Gal Baron BAILLOD

Gal THOMASSIN - Gal GAUME

Gal Comte COLBERT - Gal de MONTARBY - G^{al} O'CONNOR

Paul et Victor MARGUERITTE

MM. Jules CAMBON, Ambassadeur

VINCENT, Président de l'Union

MEMBRES HONORAIRES

MM. Baron de MACKAU, député, LEVÉE, conseiller municipal

Comte de LÉVIS-MIREPOIX, député

René de MONTMIRAIL - GRIVART, Sénateur.

COMITÉ EFFECTIF

Président : M. Pierre **WALLART**.

Vice-Présidens { M. Charles **LEMAIRE**
M. Ad. **MAJESTÉ**.

Secrétaire : M. Lucien **LE BOUCHER**.

Secrétaires adjoints { MM. Pierre **COSTES**
Georges **SCHAEFER**

Trésorier : M. Emile **BISSONNIER**

Trésorier-adjoint, archiviste : M. Auguste **BLANC**.

Commissaire Général des Fêtes : M. F. **MULLER**.

Délégués { MM. Georges **PIERMÉ**.
Louis **GUÉDANT**.

Commission de Contrôle { MM. Robert **MANGEOT**.
Edmond **GENETIER**.
P. **LECOURT**.
Marius **DAHETZE**.
Emile **VICTOR**.

MEMBRES FONDATEURS

MM. Wallart — Lemaire — Le Boucher — Müller — Blanc

Sohm — Flusin — Spont — Rémond

Mairey — Piermé — Bures — Schoepf — Ledanois

Guédant — Mottais

Membres adhérents au 1er Juillet 1899

1er CHASSEURS D'AFRIQUE	2me CHASSEURS D'AFRIQUE	3me CHASSEURS D'AFRIQUE	4me CHASSEURS D'AFRIQUE	5me CHASSEURS D'AFRIQUE	6me CHASSEURS D'AFRIQUE
MM. LE BOUCHER.	MM. BLANC.	MM. FLUSIN.	MM. LEMAIRE.	MM. SCHOEPP.	MM. WALLART
GUÉDANT.	LEDANOIS.	MAIREY	MULLER.	SCHNEIDER.	SOHM.
LAGROS.	REVOIL.	MORIN.	PIERMÉ.	REGIMBAL.	SPONT.
PEYRE.	BISSONNIER.	DEBROISE.	GENETIER.	DUBOSC.	RÉMOND.
GAUBERT.	JEANNIN.	JARNIER.	DANGLA.	FERRY	LEBLANC.
MALOIGNE.	MERCIER.	JAYET.	MAUREL.	DEBAYE.	DOUBLAT.
CRONIER.	BONNEVIE.	BELLAY.	MANGEOT.	RENAULT.	BOISMARTEL.
THÉBAULT	COUVREUR.	DALLIÈRE.	MAJESTÉ.	RONDELLE.	COLAS.
MARÉCHAUX.	WÉBER.	DAVRE.	FRANÇOIS.	BERGEZ	GAUX.
VICTOR.	MAUGENET.	DUPIN.	COSTES.	REY	LEROY.
VOIIL.	SCHAEFER.	GAUCHER.	LUDOVICI	G. M. MIDLETON	REMISE.
FALCONER.	MOREAU.	GAPAILLARD.	SEVIN.	HENNAPE.	MOTTAIS.
MOREAU.	DAHETZE.	GILLES.	CAEN.	GUY.	POITRIMOL.
LECOURT.	DUBOIS.	GOSSELIN.	BRISSET.	MORIS	AUBERT.
BESSON.	BIGNON.	REY.	BOUSSAUT.	CANDAS.	
CARTIER.	DE LAMBERT	VEILLARD.	FELTEN.		
MARTINET.	BURES	LE GRAND.			
CHAUDRON	BRISSET.				
PROFIT.	BOSLE.				
	ROBERT.				
	SOIFRANG.				
	VERITÉE.				
	BRUNET.				

Paris, le 5 Février 1899.

A Messieurs Paul et Victor Margueritte,
35, avenue Bosquet, Paris.

Messieurs,

Nous fondons en ce moment à Paris, une Société d'Anciens Militaires des Régiments de Chasseurs d'Afrique. Cette Société aura pour but de renouer les liens de camaraderie qui nous unissaient tous si étroitement, alors que nous faisions partie de notre belle arme, où l'esprit de solidarité est légendaire.

Nous voulons aussi procurer des emplois, du travail aux Chasseurs d'Afrique récemment libérés, que la fortune n'a pas favorisés et qui arrivent dans la grande ville sans soutien et sans appui. Un secours immédiat venant de frères d'armes peut se recevoir sans fausse honte.

Plus tard, nous espérons, nos ressources augmentant, pouvoir rendre plus heureuse la vieillesse de nos anciens, fatigués dans la lutte pour la vie et à qui le sort a été contraire.

Le titre de la Société, nous l'avons : **Les Chasseurs d'Afrique**. Ces mots éveillent assez de souvenirs historiques et glorieux pour qu'il ne nous soit point besoin de trouver une autre appellation.

L'emblème, Messieurs, le plus beau que nous puissions arborer d'une façon allégorique et dont nous puissions nous parer dignement et fièrement n'est-ce pas la Marguerite ? en pieux souvenir de votre vénéré père, le Général Margueritte, le héros de notre arme.

Aussi, nous vous demandons de nous laisser, en portant cet insigne, garder plus intimement avec vous, le culte du glorieux, du vaillant, mort au champ d'honneur, face à l'ennemi.

Veuillez agréer, Messieurs, l'assurance de nos sentiments tout particulièrement distingués.

Pierre WALLART.

Ex-Maréchal-des-Logis au 6ᵉ Chasseurs d'Afrique.

Paris, 12 Février 1899.

M. Pierre Wallart

Cercle des Sociétés Régimentaires, Paris.

Monsieur,

Votre aimable lettre nous parvient seulement au cours d'un lointain voyage. Nous nous empressons de vous envoyer nos cordiales félicitations pour l'œuvre si patriotique et si humaine que vous poursuivez, et c'est de tout cœur, croyez-le, et très flattés que nous vous remercions de la pensée que vous avez eue de rappeler en un gracieux emblème des souvenirs qui nous sont à tous deux si particulièrement chers.

Que ce mot, jeté à la poste de Paris par notre mère qui, en notre absence, veut bien nous servir d'intermédiaire, vous porte avec nos chaleureux encouragements, l'expression de nos sentiments bien cordiaux et distingués.

Paul et Victor MARGUERITTE.

Le 16 Février 1899.

Mon cher camarade,

Malgré que je vive dans la retraite la plus absolue, je ne veux pas me dérober à l'honneur qui m'est fait par mes camarades des Chasseurs d'Afrique.

Croyez-moi votre dévoué camarade.

Général de GALLIFFET.

Néuilly, le 1er Mars 1899.

Mon cher camarade,

Je suis très flatté de la très obligeante communication que vous voulez bien me faire.

Je considère comme un honneur d'être rattaché par un lien quelconque à ces vieux régiments de Chasseurs d'Afrique, dont j'étais si fier de faire partie autrefois.

J'accepte donc avec une extrême satisfaction le titre que vous voulez bien m'offrir.

Recevez, mon cher camarade, avec tous mes remerciements, la bien cordiale expression de mon affectueux dévouement.

F. du BARAIL.

15, rue Lord-Byron.

15 Mars 1899.

Saint-Firmin, par Chantilly (Oise).

Mon cher ancien camarade,

Je suis très reconnaissant que vous ayez pensé à me mettre membre d'honneur de votre Société.

J'ai toujours gardé le meilleur souvenir de mon temps de Chasseur d'Afrique et je suis heureux que vous me le rappeliez.

Je suis également heureux de me trouver ainsi à côté du Général Du Barail, mon ancien chef. Vous me faites revivre ainsi mes bonnes années.

Veuillez agréer, l'expression de mes sentiments les plus affectueux.

Robert d'ORLÉANS.

4e DIVISION DE CAVALERIE

—

LE GÉNÉRAL

Sedan, le 16 Mars 1899.

Mon cher camarade,

Je suis très honoré que vous et vos anciens camarades des Chasseurs d'Afrique, ayez pensé à moi pour me désigner comme membre d'honneur de votre Société, et je m'empresse d'accepter et de vous remercier.

Croyez, mon cher camarade, pour vous et les membres de la Société à mes meilleurs sentiments de camaraderie.

Général COLBERT.

Carcassonne, le 21 Mars 1899.

Mon cher Camarade,

Je vous remercie de m'avoir donné une place parmi les membres du Comité d'Honneur de la Société Amicale des Anciens Chasseurs d'Afrique. Cependant, je voudrais bien connaître le règlement qui a dû être fait lors de la formation de cette Société. En attendant, je vous envoie toujours la photographie que vous m'avez demandée.

Recevez, mon cher Camarade, l'assurance de mes meilleurs sentiments.

Général GAUME.

Paris, le 21 Mars 1899.

Mon cher camarade,

Je n'ai pas eu l'honneur de servir aux Chasseurs d'Afrique mais j'ai souvent expédi
tionné avec eux et les ai eus quelquefois sous mes ordres.

Si vous voulez d'un ancien turco comme membre d'honneur, j'accepte volontiers
votre offre et serai très heureux de me trouver à côté du Général du Barail.

Recevez, mon cher camarade, mes cordiales salutations.

Général THOMASSIN.

Paris, 1ᵉʳ avril 1899.

Monsieur,

C'est pour moi un honneur très immérité que mon admission au nombre des membres
de la Société des Anciens Chasseurs d'Afrique.

Je n'ai qu'un seul titre à cette faveur :

L'attachement profond que j'ai conservé pour l'admirable 3ᵉ, dont je me suis séparé
avec douleur pour passer *d'office* dans la garde. Je suis le seul officier de notre arme
qui ait été envoyé dans la garde sans l'avoir demandé. Si j'avais cru devoir faire une demande, c'aurait été celle de rester à la tête de ce Régiment, qui était pour moi la plus
glorieuse et la plus chère famille militaire.

Je vous envoie, selon votre désir, une photographie prise au moment où j'allais quitter
mon cher Régiment.

Elle occupera la très modeste place qui convient à celui qu'elle représente, au milieu de
cette élite qui a ajouté de si belles pages à l'histoire du splendide 3ᵉ de Chasseurs d'Afrique
et à la gloire de la France.

Je vous prie de vouloir bien être l'interprète de ma reconnaissance auprès de M. le Général
du Barail, mon ancien chef si bienveillant, et de la réunion tout entière qui a daigné m'accepter pour l'un des siens.

Veuillez bien agréer pour vous-même, Monsieur, l'expression de ma très cordiale
sympathie et celle de ma considération très distinguée.

Général de MONTARBY.

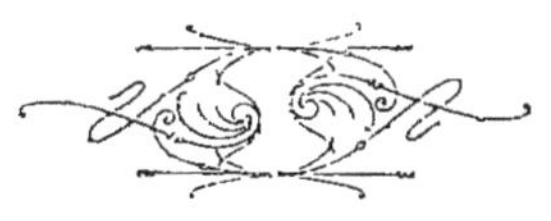

AVIS

Indépendamment du but philanthropique qu'ils poursuivent et qui est de venir en aide aux anciens Chasseurs d'Afrique, et avec une cotisation des plus modestes, les membres de la Société font partie de droit du **Cercle de l'Union des Sociétés Régimentaires**.

Ce Cercle occupe tout le premier étage du numéro 111 du boulevard Sébastopol et comprend :

Une Salle de Conférences et de Fêtes

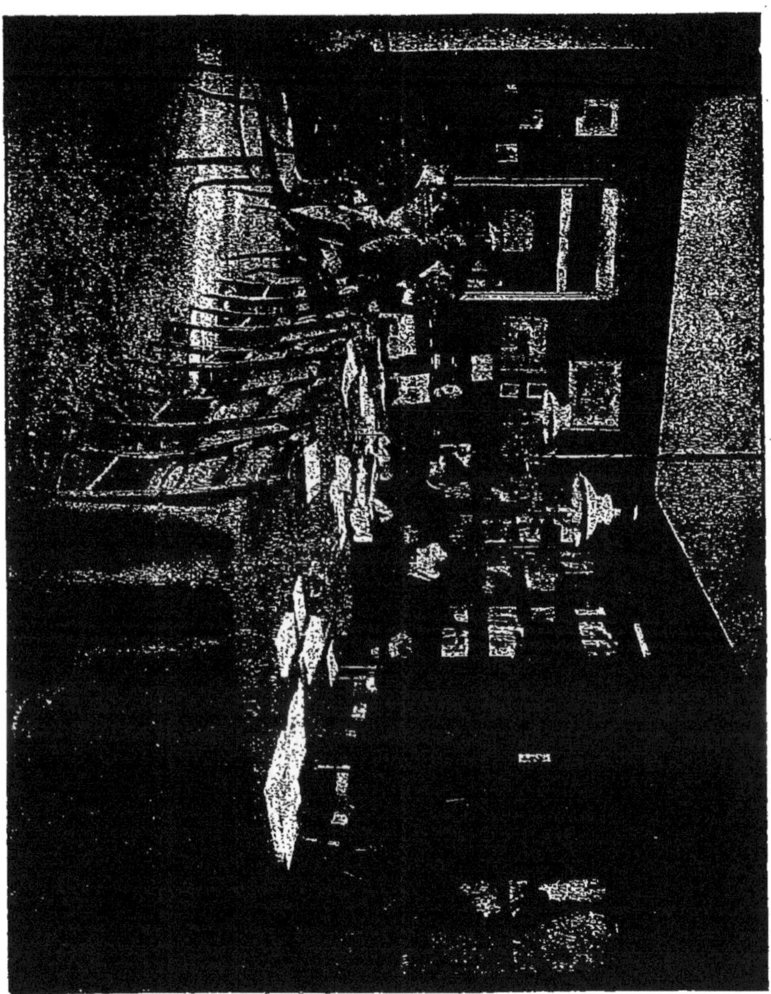

Une Salle de Bibliothèque où le prêt des livres est absolument gratuit. Les sociétaires y trouvent de nombreux journaux et peuvent y faire leur correspondance. (Un membre de l'*Union* s'y tient en permanence et est à la disposition des sociétaires pour tous les renseignements dont ils ont besoin.) Une boîte aux lettres y est placée et la levée en est faite deux fois par jour.

Une Salle d'Escrime, séances 2 fois par semaine, mercredi soir et dimanche matin par les prévôts du Cercle.

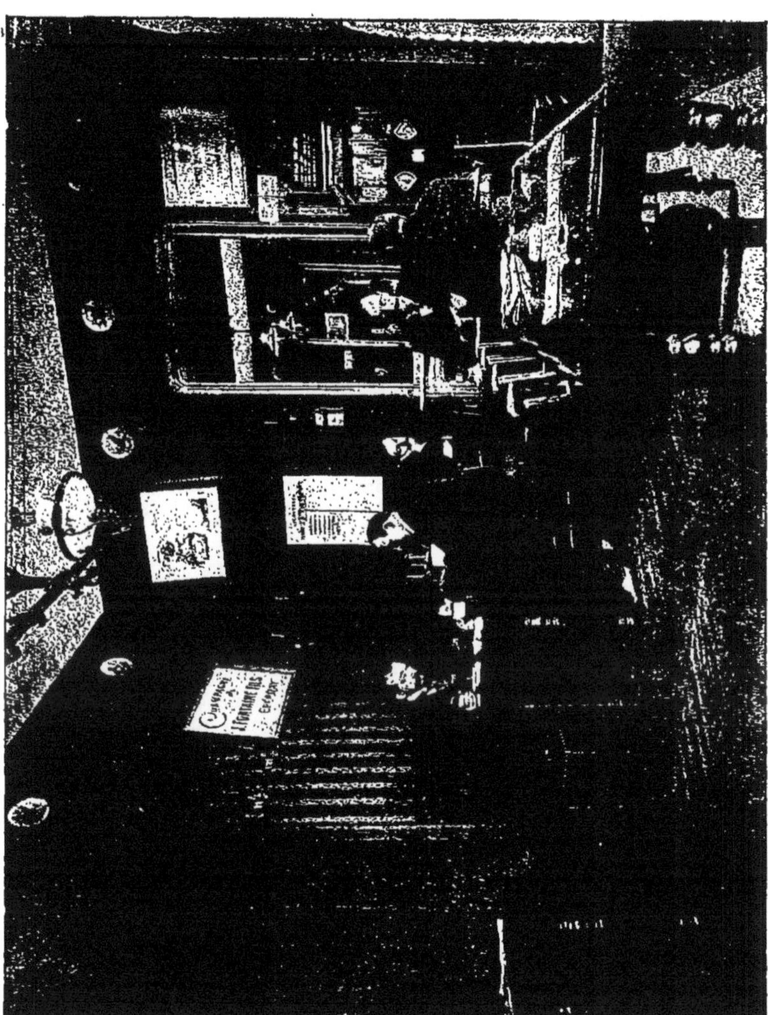

Une Buvette avec de nombreux jeux divers. Les consommations y sont livrées à prix réduits.

Ce Cercle est, en somme, et surtout sera, dans l'avenir, pour les grades inférieurs, ce qu'est le Cercle Militaire pour les officiers.

Il est ouvert tous les jours de 10 h. du matin à 11 h. du soir

———

Les Sociétaires peuvent amener au Cercle des Invités, mais sous leur entière responsabilité.

———

Des maisons de commerce dont le nombre va chaque jour croissant, font un escompte spécial aux membres du Cercle. La liste en est affichée dans la salle de Café.

———

Les Membres sociétaires commerçants ont droit à une insertion gratuite de 3 lignes dans la brochure des Statuts.

———

Un tableau d'offres et demandes d'emploi est déposé au Cercle ou chaque membre peut l'y consulter.

Nous prions tous les Sociétaires de nous envoyer d'urgence la liste des emplois qu'ils connaîtraient, afin que nous puissions en aviser à temps les intéressés.

———

M. Forterre, photographe, 82, rue Rambuteau, se charge de faire la photographie de la carte de chaque sociétaire au prix de 0 fr. 50. Il livrera en outre, gratuitement, une autre photographie qui servira à établir le Livre d'Or de la Société.

———

La Société s'occupe sans aucun frais, même avant leur libération, des Chasseurs d'Afrique désirant un emploi et qui en feraient la demande.

STATUTS

Article premier. — Il est fondé à Paris, à la date du 1er janvier 1899, une Société sous le nom de : « **Les Chass d'Af.** » Société Amicale et Fraternelle des anciens Militaires des Régiments de Chasseurs d'Afrique.

Art. 2. — Cette Société a pour but :

De resserrer les liens d'amitié et de bonne camaraderie contractés au régiment ;

De maintenir entre eux l'esprit de corps qui les unissait sous les drapeaux ;

De chercher à procurer des emplois à ceux de ses membres qui en seraient dépourvus, ainsi qu'aux militaires des Chasseurs d'Afrique rentrant dans leurs foyers ;

De secourir, dans la mesure de ses moyens, les anciens Chasseurs d'Afrique dans le besoin, soit en leur trouvant du travail, soit en les aidant pécuniairement.

Art. 3. — Toute demande de secours devra être adressée au président qui, rapidement, fera faire une enquête, en référera au Comité et accordera au besoin un secours immédiat.

Toute demande d'emploi et de travail devra, de même, être adressée au président qui tiendra un registre d'offres et de demandes d'emploi. Il avisera immédiatement les intéressés dès qu'une offre répondra à une demande.

Ce registre pourra être consulté par les membres de la Société, au siège social, de 10 heures du matin à 11 heures du soir.

Art. 4. — La Société est composée de :

    Membres d'Honneur
        »   **Fondateurs**
        »   **Donateurs, Bienfaiteurs**
        »   **Honoraires**
        »   **Adhérents**

Toute personne honorable qui en fait la demande peut obtenir le titre de Membre Honoraire.

Art. 5. — Les conditions pour l'admission sont les suivantes :

1º Avoir servi dans un régiment de Chasseurs d'Afrique.

2º Etre présenté par deux parrains (pour cela, demander au président la liste des membres adhérents), ou être recommandé par un officier en activité ou ayant servi aux Chasseurs d'Afrique.

3º Fournir son livret militaire et sa carte électorale.

4º Adresser une demande écrite au président qui, d'accord avec le Comité, statuera.

Art. 6. — Toute condamnation infamante ou toute preuve d'immoralité ou d'indélicatesse entraîne l'exclusion de la Société.

Art. 7. — Sera frappé également d'exclusion tout membre dont la conduite ou les mauvais propos pourraient jeter le discrédit sur la Société.

Sa radiation sera prononcée par le Bureau après avoir entendu ses observations.

Art. 8. — Tout membre démissionnaire doit envoyer sa démission par écrit au président.

Art. 9. — La Société est gérée par un Comité composé de :

    1 Président
    2 Vice-Présidents
    1 Secrétaire
    2 Secrétaires-Adjoints
    1 Trésorier
    1 Trésorier-Adjoint Archiviste
    Le Président de la Commission des Fêtes, Commissaire général.
    2 Délégués.

Art. 10. — Cinq délégués nommés avec le Comité auront pour mission de vérifier et de contrôler les écritures et les travaux du bureau.

Ils devront contresigner les registres et établir un rapport pour l'Assemblée générale annuelle.

Art. 11. — Le Comité est élu pour trois ans en assemblée générale. Les membres en sont rééligibles.

Art. 12. — La Commission des fêtes est composée de droit du Bureau et de six membres pris parmi les sociétaires.

Le président de cette Commission aura le titre de commissaire général et aura voix consultative aux réunions du Comité.

Art. 13. — Le président, ou à son défaut le premier vice-président, signera toutes pièces et actes, toutes pièces comptables, les mandats à payer et vérifiera.

Il représentera la Société dans tous ses rapports avec les autorités, partout où il sera nécessaire. Il fera connaître à l'autorité compétente les changements qui se produiraient dans la composition du bureau et lui adressera à la fin de chaque année le compte-rendu moral et financier de la Société, ainsi que la liste de ses membres.

Art. 14. — Tout acte ou pièce devra être soumis et ratifié, même après signature, en réunion du Comité.

Art. 15. — Le président seul est porteur de la signature de la Société et signe en son nom personnel. A son défaut, le premier vice-président en sera porteur.

Art. 16. — Le secrétaire est chargé de la correspondance rédige les rapports et les procès-verbaux.

Art. 17. — Le trésorier tiendra la caisse de la Société, percevra les cotisations et acquittera les dépenses visées par le président.

(Cependant pour le bien du service, le Comité a décidé que l'envoi des cotisations devra être fait au président qui les remettra au trésorier).

Il sera secondé dans ses fonctions par le trésorier adjoint.

Art. 18. — Il ne pourra être laissé entre les mains du trésorier que la somme des cotisations d'un trimestre.

Tous les autres fonds seront déposés à la Société Générale, bureau V, boulevard Sébastopol.

Pour le dépôt ou le retrait de ces fonds, il sera exigé trois signatures, celles du président, du secrétaire et du trésorier.

Art. 19. — **Le Comité** se réunit tous les **Lundis** et aussi sur la convocation du président quand l'intérêt de la Société l'exige.

Art. 20. — **La Société** se réunit le **premier Lundi de chaque mois, le soir à 8 heures et demie, au siège social.**

Art. 21. — Tous les ans, le premier lundi de Février, le président réunira la Société en Assemblée générale. Il rendra compte de sa gestion et de la situation financière de la Société.

Un bulletin annuel rendra compte des changements et mouvements de toute nature survenus dans la Société, ainsi que des procès-verbaux des réunions mensuelles.

Art. 22. — **Toute discussion politique ou religieuse est formellement interdite.**

Art. 23. — En cas de dissolution de la Société, l'Assemblée générale prononcera sur l'emploi des fonds après toutes dépenses acquittées.

Le reliquat des fonds ne pourra être employé qu'à une œuvre de secours militaire.

Art. 24. — En cas de modifications aux Statuts, la Société devra demander de nouveau à la Préfecture de Police l'autorisation prescrite par l'article 291 du Code Pénal.

Art. 25. — Nul ne peut être élu membre du Bureau s'il n'est Français, majeur, et s'il ne jouit de ses droits civils et politiques.

RÈGLEMENT

Article premier. — Le but de la Société étant absolument amical et philanthropique, il importe que chaque sociétaire emploie tous ses efforts pour son développement et sa prospérité.

Art. 2. — Chaque membre, par respect pour soi-même et pour la Société dont il fait partie, tiendra à cœur de faire preuve en tous temps dans son langage comme dans sa tenue d'une urbanité toute française.

Art. 3. — La Société fait partie de l'Union des Sociétés Régimentaires et lui verse une légère redevance.

Tout membre de la Société fait partie de droit de l'Union, a libre accès au Cercle et doit se conformer à son règlement.

Art. 4. — Une carte de Membre permanent de l'Union est délivrée à chaque sociétaire, contre la somme de **1 franc** exigible annuellement.

Art. 5. — Tout sociétaire peut sous sa responsabilité amener aux réunions mensuelles de la Société un ou plusieurs invités. Les dames ne sont pas admises.

Il en est de même pour l'accès journalier au Cercle.

Art. 6. — Dans le cas de décès de l'un des sociétaires, le Comité désignera des délégués porteurs d'une couronne qui assisteront à la cérémonie.

Art. 7. — Ces délégués seront pris à tour de rôle dans l'ordre de leur numéro d'inscription.

Art. 8. — Tout sociétaire changeant d'adresse est prié d'en avertir le trésorier.

Art. 9. — **La cotisation est de un franc par mois,** payable **par trimestre et d'avance.**

Chaque trimestre est exigible en entier.

Il sera perçu une fois pour toutes un **droit d'adhésion de un franc** et un **droit d'insigne.**

Tout sociétaire peut verser par anticipation ses cotisations pour une année, afin de faciliter la tâche du trésorier.

Pour les Membres honoraires, **la cotisation annuelle est fixée à vingt francs.**

Toute personne s'intéressant à l'œuvre, et versant une somme minimum de 250 francs, a le titre de Membre Bienfaiteur Donateur.

Art. 10. — La Société peut accepter tous dons et legs pourvu qu'ils ne lui créent aucune charge.

Art. 11. — Les dons en nature ou en espèces sont reçus par le Comité qui se charge de les faire parvenir aux intéressés et rendra compte aux donateurs de leur emploi.

Il ne pourra être fait droit aux demandes de secours formulées par des sociétaires (à moins d'un cas exceptionnellement urgent), qu'autant qu'ils compteront six mois de présence à la Société et qu'ils auront versé le montant de leurs cotisations trimestrielles.

Art. 12. — Tout sociétaire en retard de 3 mois de sa cotisation trimestrielle recevra d'abord un rappel du trésorier et aura une amende de 0 fr. 25.

Sans réponse dans le délai d'un mois, l'acquit lui sera présenté par la poste, ou par une personne attachée à la société, les frais à sa charge.

En cas de non-paiement, ses parrains seront chargés d'une dernière démarche et sa radiation sera ensuite prononcée par le Comité, sans indemnité.

De même, tout autre cas de radiation ou de démission entraîne pour le sociétaire la perte des sommes précédemment versées.

Art. 13. — Les cotisations seront versées entre les mains du trésorier aux réunions mensuelles. En cas d'encaissement par la poste, les frais seront à la charge des sociétaires.

Art. 14. — Tous les membres de la Société sont priés d'informer le président des emplois vacants qu'ils pourraient connaître.

Art. 15. — La Société devra se pourvoir d'une autorisation spéciale pour chaque fête organisée par ses soins.

Art. 16. — Des personnes étrangères à la Société pourront être admises aux fêtes, mais sur invitations spéciales et sous la responsabilité **très stricte** des sociétaires.

Art. 17. — Il sera donné trois grandes fêtes par an, aux dates fixées ultérieurement par voie de convocation.

Décorations données aux Étendards

DES CHASSEURS D'AFRIQUE

COMBAT DE GUADELUPE (Mexique)

19 novembre 1864

CORPS EXPÉDITIONNAIRE
DU MEXIQUE
—
1re DIVISION

Monsieur le Maréchal,

J'ai l'honneur de transmettre ci-joint à Votre Excellence la copie du rapport de M. le Colonel DE MONTARBY, en date du 21 novembre, sur la bataille de Guadelupe.

Je vous ai adressé dernièrement des mémoires de proposition en faveur des militaires et des drapeaux des 1er et 3me Régiments de Chasseurs d'Afrique qui ont acquis dans ce combat des titres à des récompenses.

Je vous prie de vouloir bien accorder la citation à l'ordre de l'Armée à M. TOREL, sous-lieutenant au 3e Chasseurs d'Afrique, blessé légèrement de deux coups de lance, et au nommé PIERRE, brigadier au même régiment, qui a enlevé l'étendard des Lanciers de Zacatécas, en tuant celui qui le portait,

J'ai l'honneur d'être, etc.

Le Général Commandant la Division,

Signé : DE CASTAGNY.

Aux termes d'un décret impérial qui remettait en vigueur les ordres de Napoléon Ier, l'étendard de tout régiment qui s'emparait d'un drapeau ennemi, devait être décoré. Cette distinction si belle, si enviée, si justement méritée, fut accordée au drapeau du *3e Chasseurs d'Afrique*, par décret de S. M. l'Empereur, le 4 janvier 1865.

COMBAT DE DURANGO (Mexique)

11 décembre 1864

Le 2 octobre 1863, à San-Pablo del Monte, les chasseurs BORDE et BONF, du 1er Chasseurs d'Afrique, enlevèrent l'étendard des Lanciers de Durango. Ce beau fait d'armes valut la Croix d'Honneur à l'Aigle du 1er Chasseurs d'Afrique.

EXTRAITS DE L'HISTORIQUE

DES

CHASSEURS D'AFRIQUE

et Souvenirs Inédits

ARMÉE DE CHALONS 1870

Le 16 août 1870, la brigade MARGUERITTE reçut l'ordre d'escorter l'Empereur, qui avait remis le commandement de l'armée au maréchal BAZAINE et qui, après avoir couché le 15 à Gravelotte, prit le matin de bonne heure la route d'Etain. Cette brigade, à la suite de la bataille livrée le jour même sur les positions s'étendant de Rezonville à Doncourt, se trouva séparée de l'armée de Metz. Après une halte à Etain, nous arrivâmes à Verdun à 3 heures de l'après-midi. Nous y passâmes la journée du 17, ignorant encore la bataille livrée la veille et notre séparation définitive de la division Du BARAIL. Un certain nombre d'hommes et de chevaux, ainsi que quelques officiers laissés le 16 avec les bagages, ne rejoignirent pas.

Placés sous les ordres du Colonel du 2e Chasseurs d'Afrique, ils suivirent la fortune de ce régiment qui resta enfermé sous Metz jusqu'à la capitulation. Le 17 au soir, la brigade MARGUERITTE prit la direction de Ste-Menehould. Elle y arriva le 18, à 4 heures du matin et y trouva la brigade TILLARD (6e chasseurs et 1er hussards), qui n'avait pu rejoindre le corps CANROBERT, auquel elle appartenait. Ces deux brigades furent groupées en une division dont le Général MARGUERITTE reçut le commandement.

Nous passâmes à Sainte-Menehould trois jours, pendant lesquels nous fournîmes des reconnaissances et des escortes de convoi. Le 22, à 5 heures du soir, nous nous mîmes en route

pour Beruilheux, d'où nous partîmes le lendemain pàr une pluie
battante pour Monthois. La division y passa la journée du 24
et reçut l'ordre de marcher à l'avant-garde de l'armée de Châ-
lons, qui devait se diriger vers le nord-est. Elle formait la
réserve de cavalerie du Maréchal de Mac-Mahon.

Partis le 25, à 5 heures du matin, nous traversâmes Vouziers
et nous bivouaquâmes entre Voucq et Semuy. Le lendemain, par
un fort mauvais temps, nous poussâmes jusqu'à Taunay et
Oches, éclairant l'armée dans la direction de Beaumont. Le 27,
après avoir dépassé Stone, les Grandes-Armoises et Beaumont,
nous arrivâmes à Sommault, où nous apprîmes qu'un corps
prussien était signalé entre Buzancy et Stenay. Nous passâmes
la nuit, la bride au bras, sans tentes ni feu, entre Oches et
Saint-Pierre-le-Mont, dans un terrain labouré, détrempé par la
pluie qui ne fit d'ailleurs qu'augmenter. Nous montâmes à
cheval le 28, à 6 heures du matin, pour revenir sur nos pas.
Pendant la halte que nous fîmes à Stone, nous vîmes passer
le 5ᵉ et le 7ᵉ Corps qui marchaient sur Stenay; puis nous prîmes
la route de Rethel à Mouzon et nous bivouaquâmes à la
Berlière, près d'un ruisseau, dans une prairie marécageuse.

Le 29, après avoir traversé Beaumont et passé la Meuse à
Mouzon, nous arrivâmes à Vaux. Nous entendions le canon
dans la direction de Buzancy. Depuis quelques jours, nous
avions beaucoup à nous plaindre des distributions qui se fai-
saient très mal.

Bien que la bataille de Beaumont fût engagée, nous ne montâmes à cheval, le 30, qu'à 2 heures de l'après-midi. Nous
marchâmes d'abord vers Mouzon, mais un contre-ordre nous
fit bientôt rétrograder et, pendant qu'à la nuit tombante, une
violente canonnade se faisait entendre derrière nous, nous allâ-
mes bivouaquer à Blagny, sur la route de Montmédy. Ignorant
le résultat de la bataille livrée à Beaumont, nous nous atten-
dions, dans la matinée du 31, à continuer notre marche sur
Montmédy; mais la journée se passa sans nouvelles instruc-
tions. Ce ne fut qu'à minuit que nous reçûmes l'ordre de
monter à cheval sans bruit, de passer la Chiers et de rétrograder sur Sedan. Nous changions donc de rôle et nous passions
à l'arrière-garde. Nous côtoyames la frontière, traversant Cari-
gnan, Cucheval. Pendant cette marche, nous entendions une
forte canonnade vers Remilly. Notre bivouac fut établi entre
Illy et la Chapelle. Eloignés des évènements, nous étions
sans nouvelles. Le bruit du canon ne nous permettait pas

d'ignorer qu'on se battait ; mais les détails de la lutte et ses résultats nous étaient encore inconnus. Nous pensions néanmoins que les bonnes nouvelles vont vite et que l'absence de renseignements précis ne présageait rien d'heureux.

BATAILLE DE FLOING-SEDAN

Pendant la nuit du 31 août, nous eumes une alerte. Aussi le 1er septembre dès le point du jour, des pelotons partirent en reconnaissance dans toutes les directions. Tous nous signalèrent la présence de l'ennemi. La division monta à cheval de fort bonne heure et se massa en colonne de régiment sur le plateau d'Illy, adossée au bois, le 3e Chasseurs d'Afrique en tête et en ordre inverse, deux escadrons du 4e Chasseurs d'Afrique et trois escadrons du 2e Chasseurs d'Afrique. Il devint bientôt évident que l'armée était cernée. Des batteries prussiennes s'établirent sur les hauteurs en face de nous, sous la protection des tirailleurs dissimulés dans des plis du sol, à gauche d'Illy. Nous reçûmes l'ordre de les charger et c'est un contre six que les Chasseurs d'Afrique eurent à lutter.

Comme le terrain ne se prêtait pas à un mouvement d'ensemble, chaque escadron se lança pour son compte sur le groupe le plus à sa portée. Nos chasseurs firent preuve d'un entrain admirable et pénétrèrent plusieurs fois dans les lignes ennemies. Ce fut une véritable boucherie et les prussiens laissèrent plus de la moitié de leur effectif, environ 2.500 hommes tués et 800 prisonniers. Les escadrons se rallièrent ensuite vers le point de départ, sous la protection de nos batteries. Dans cette première charge, ils avaient déjà perdu, les uns le tiers, les autres la moitié de leur effectif. MM. Leclerc, Renault, De Vergennes, Jardel étaient morts. M. Zwenger mortellement blessé ; M. De la Moussaye, De Cours, De Ganay blessés. Ce qui restait des régiments n'en faisait pas moins bonne contenance sous le feu, dont le cercle se resserrait peu à peu et nous étreignait.

Bientôt nous dûmes quitter la place, que les obus rendaient intenable. Le régiment traversa le bois auquel il était adossé, poursuivi par les projectiles qui atteignirent encore plusieurs hommes du 2e escadron. M. Triboulet reçut une blessure à laquelle il succomba quelques jours plus tard.

A notre sortie du bois, le feu redoubla d'intensité. Nous changeâmes de direction à droite et nous traversâmes une

partie du champ de bataille, rencontrant sur notre passage des régiments en désordre et déjà démoralisés. Après deux heures de marche un peu au hasard, sous cette pluie d'obus, qui éclaircissait nos escadrons, le Général De Galliffet nous déploya en bataille en avant du plateau de Floing, derrière une ligne d'infanterie couchée à plat ventre, sourde à la voix de ses chefs, aux exhortations de nos chasseurs, et qui ne se releva que pour se retirer à travers nos rangs, sans qu'il fût possible de les porter en avant. Nous nous trouvions alors de pied ferme, sous le feu de l'infanterie ennemie qui, grossissant de minute en minute, gravissait les pentes du plateau et venait de fermer notre dernière issue.

C'est à ce moment qu'arriva l'ordre du Général Ducrot, prescrivant à la division Margueritte de tenter un suprême effort pour ouvrir un passage à l'armée.

M. De Varaigne venait d'être mortellement frappé et M. Bailloud, lieutenant d'État-Major blessé grièvement.

Le 1er et le 2e Chasseurs d'Afrique, lancés les premiers, furent ramenés avec des pertes cruelles. Le Général Margueritte se porta en avant pour reconnaître les positions de l'ennemi ; il tomba blessé à mort. L'escadron du Capitaine Rozier de Linage s'élança alors à toute bride sur l'infanterie allemande, traversa la première ligne de tirailleurs, mais vint se briser sur la deuxième ligne compacte et renforcée à ses ailes par des carrés qui furent effondrés et massacrés entièrement. Le Capitaine Rozier de Linage eut la mâchoire fracassée par deux balles et la bravoure de ses soldats resta impuissante contre un ennemi trop nombreux. C'est pendant cette charge que le trompette Lhéris enleva à bras le corps de dessus son cheval le colonel prussien Von Goebel, qui s'apprêtait à sabrer un officier français, et l'emporta en travers de sa selle. Quand les débris du 1er escadron se rallièrent, 11 hommes seulement répondirent à l'appel. Mieux favorisé, le 2e escadron, qui avait suivi le mouvement du premier, revenait avec 23 hommes. M. Petit reçut une blessure grave. Les 1er, 2e, 3e et 6e escadrons de chaque régiment chargèrent à leur tour, entraînés par le Lieutenant-Colonel De Liniers et le brave Général De Galliffet.

Comme les précédents, ils durent, malgré leur courage, se replier en perdant beaucoup de monde. Le Lieutenant-Colonel De Liniers, blessé dans cette charge et transporté à l'ambulance, y expira quelques minutes après, frappé mortellement par un éclat d'obus qui venait d'y tomber.

L'honneur des armes exigeait ce sacrifice. Il fut fait noblement, et cette troupe valeureuse des Chasseurs d'Afrique mérita le cri d'admiration échappé au Roi de Prusse, témoin de ces charges héroïques : « *Oh ! les braves gens !* ». — Les Chasseurs d'Afrique laissèrent sur le champ de bataille de Floing-Sedan 1.700 hommes et les Allemands 9.600 « c'était donc bien un contre six. »

En présence de l'inutilité évidente d'un nouvel effort, que le petit nombre de ses soldats rendait d'ailleurs difficile, les débris des régiments se rallièrent et, suivant le mouvement général, se dirigèrent sur Sedan. Il était deux heures. Hommes et chevaux se répandirent bientôt dans la ville où régnait un désordre inexprimable. La nuit se passa ainsi, affreuse, dans de mortelles inquiétudes.

La capitulation fut signée le 2 septembre. L'armée était prisonnière ! Les régiments furent parqués à Glaire, jusqu'au jour de leur départ pour l'Allemagne, qui eut lieu le 9 septembre.

Les officiers furent, pour la plupart, internés à Erfurth ; les hommes à Darmstadt, puis à Geissen.

Pendant ces heures si cruelles, où la souffrance, le découragement auraient pu, jusqu'à un certain point, causer le relâchement de la discipline, les régiments de Chasseurs d'Afrique ne cessèrent pas d'être fidèles à leurs traditions d'honneur. Nos hommes restèrent soumis, respectueux, dévoués à leurs chefs et pleins de confiance en eux. Les officiers prouvèrent aussi que l'effroyable catastrophe qui venait d'anéantir l'armée de Chalons, n'avait pu émousser leurs sentiments de devoir et d'honneur. Dignes dans l'infortune, s'occupant d'adoucir les misères de leurs subordonnés, aucun d'eux n'accepta le profit de la clause déplorable insérée dans la capitulation de Sedan. Tous, sauf deux, voulurent partager le sort de leurs soldats captifs, estimant qu'ils n'avaient pas le droit d'acheter leur liberté personnelle en s'engageant à ne pas servir contre l'Allemagne. Cette conduite fut celle des officiers des quatre régiments de Chasseurs d'Afrique. Les détracteurs de l'Armée d'Algérie la représentaient depuis quelque temps comme un foyer d'indiscipline ! Pouvait-elle mieux répondre à cette calomnie ?

La capitulation de Sedan n'était que la première douleur que nous réservait la guerre, mais elle n'y mettait pas fin. Le 4 septembre, la République fut proclamée. Le Gouvernement et la masse de la nation reportaient toutes leurs espérances sur l'Armée de Metz. Lorsqu'elle disparut à son tour, ils voulurent encore défendre l'honneur de la patrie envahie par les armées allemandes se dirigeant sur Paris, objet de leurs convoitises. Des armées nouvelles s'organisèrent à la hâte sous ce souffle patriotique. Animés de sentiments généreux, mais composées d'éléments hétérogènes, sans cadres solides, riches encore en hommes, mais pauvres en soldats, elles devaient forcément succomber ; mais l'effort suprême qu'elles tentèrent n'en resta pas moins grandiose, digne de la reconnaissance de tous les Français et de l'admiration de tous les peuples. Cette dernière phase de la guerre a été la lutte de la nation, défendant l'intégrité de son territoire et l'honneur de son drapeau.

ARMÉE DE LA LOIRE

Ce qui restait des Chasseurs d'Afrique concourut à la formation de régiments dits de marche. Les 4e et 5e escadrons du 3e Chasseurs d'Afrique, restés au dépôt, furent envoyés en France, pour se réunir à deux escadrons du 1er Régiment de la même arme et constituer le 1er Régiment de Chasseurs d'Afrique de marche ; les deux autres escadrons des autres régiments formèrent le 2e Régiment de marche, mais les deux escadrons du 1er Régiment de Chasseurs d'Afrique ne purent rejoindre qu'à Laval, le 18 janvier 1871. Les autres s'embarquèrent à Bône le 23 novembre 1870, sous les ordres du Commandant DE LA BIGNE, et débarquèrent à Marseille le 27. Chacun d'eux comptait 150 hommes et 140 chevaux. Ils prirent le chemin de fer le lendemain et arrivèrent le 30 à Tours, d'où ils repartirent, le 2 décembre, pour Orléans. Ils rejoignirent l'Armée de la Loire le 3, et assistèrent à une partie du combat de Cercottes, puis continuèrent leur route le 4 pour rejoindre le 16e Corps engagé aux environs de Patay. Un goum de 100 éclaireurs arabes les accompagnait.

COMBAT DE VILLENEUVE-INDRET

Pendant cette marche, ils se heurtèrent au village de Villeneuve-Indret, à quatre escadrons de Hussards de Poméranie qui se dirigeaient sur Orléans. Un combat à l'arme blanche s'engagea aussitôt et après une mêlée sanglante, nos deux escadrons massacrèrent les quatre escadrons de Hussards de

Poméranie et amenaient 110 prisonniers. Nous revinmes donc à Orléans et nous bivouaquâmes à Cléry. Le combat nous avait coûté des pertes sérieuses. MM. De la Bigne et Picory, chefs d'escadrons avaient reçu, le premier sept coups de sabre, le deuxième douze. MM. Rogérol et Gacher, capitaines, Geslin de Bourgogne avaient été blessés et faits prisonniers, ainsi que M. Malmouche, dont le cheval avait été tué sous lui.

MM. Legendre et Bey, sous-lieutenants étaient aussi blessés. Nous avions en outre perdu 5 chasseurs tués et 33 blessés, parmi lesquels 21 restèrent sur le terrain.

COMBATS DE TRAVERS ET DE JONES

Le 5 décembre, nous nous portâmes à Jouy-le-Pothier ; le 6, à la Ferté-Béarnais ; le 7 et le 8, à Blois. Le 9, nos escadrons rejoignirent le 16e corps pendant le combat de Travers.

Le 5e escadron fut désigné le lendemain pour servir d'escorte à l'Amiral Jauréguiberry, et le 4e opéra des reconnaissances spéciales. Ils prirent part l'un et l'autre à la bataille de Jones et bivouaquèrent le soir au château de Cerqueux. Ils suivirent le 16e corps dans sa retraite sur Vendôme. M. Picory en avait pris le commandement après la bataille de Villeneuve-Indret et l'entrée à l'ambulance de M. de la Bigne qui mourut au Mans le 25 décembre, des suites de ses blessures.

Après la bataille de Vendôme, dans la soirée, le 4e escadron, envoyé en grand'garde sur la route de Blois, fut refoulé par l'ennemi qui occupait un bois à peu de distance.

La retraite vers Le Mans commença le 16 décembre. Le 16e corps y arriva le 20 et y resta jusqu'au 8 janvier 1871. C'est de là et à cette date que le Commandant Picory partit en chemin de fer avec le 5e escadron, pour rejoindre à Château-du-Loir l'Amiral Jauréguiberry qui avait pris le commandement des brigades de Curten, de Jouffroy et Barry. Le 4e suivit la route de terre se dirigea sur Ecomoy et reçut l'ordre de se replier sur Le Mans. Le 5e prit la même direction trois jours plus tard. Il arriva à Changé assez à temps pour participer à la bataille du Mans et fut ensuite envoyé, d'abord à Pontlieu, puis sur la route de Tours, livrée à l'ennemi par suite de l'abandon des positions de la Thuilerie et du Tertre-Rouge. Le 12, dès 5 heures du matin, on battit en retraite sur Chauffour, et le 13 sur Joué-en-Charnie.

BATAILLE DE LOUÉ

Dans la journée du 14, nos deux escadrons furent postés à Loué pour observer la route de Chassillé et retarder la marche des Allemands qui cherchaient à gagner celle de Laval. A huit heures du soir, l'infanterie ennemie attaqua le village dont elle s'était approchée à la faveur de l'obscurité, en se dissimulant derrière les haies et dans les fossés. Après une résistance d'une heure, nos escadrons battirent en retraite vers Saint-Jean-sur-Erve, où ils retrouvèrent l'Amiral. Ils avaient perdu 3 blessés et 5 tués ou disparus. Poursuivis par l'ennemi, ils évacuèrent Saint-Jean-sur-Erve dans la journée du 15, après un nouveau combat qui leur coûta 2 hommes et se replièrent sur Sougé.

COMBAT DE SAINT-MELAINE

Le 16, ils atteignirent Laval, prirent part le 18 au combat de Saint-Melaine et fournirent des reconnaissances jusqu'à Argentré et Sougé. Ce fut ce jour-là seulement que le régiment de marche fut constitué, grâce à l'arrivée des deux escadrons du 1er Chasseurs d'Afrique. Mais les nôtres continuèrent jusqu'au 13 février leur service près de l'Amiral. Ils passèrent alors sous les ordres du Général BOURDILLON, commandant la cavalerie de réserve du 16e corps, qui fut dirigée sur Poitiers, puis sur Auxence, dernière étape de la campagne.

Le 1er Chasseurs d'Afrique de marche, sous les ordres du Lieutenant-Colonel GÉRARD, se mit en route pour Toulon par voie de terre le 12 mars. Il y arriva le 10 avril, s'embarqua le 19 pour Alger et y fut licencié le 22, date de son débarquement. Les escadrons du 1er Chasseurs d'Afrique furent dirigés sur Blidah. Ceux du 3e s'embarquèrent le 28 avril pour Bône, sous les ordres du Lieutenant-Colonel GAUME, nouvellement nommé au régiment, dont il exerça le commandement jusqu'à l'arrivée du Colonel FLOGNY, successeur du Général DE GALLIFFET.

Les 4e et 5e escadrons qui n'avaient plus que 200 hommes montés partirent de Bône le 11 mai et firent, en revenant à Constantine, une démonstration militaire aux environs de Soukaras. Le 3e escadron du régiment revint avec lui à Duvivier, puis à Guelma, où ses éléments se séparèrent. Le 3e escadron fut envoyé à Bône. Les 4e et 5e escadrons rentrèrent à Constantine le 20 mai.

INSURRECTION DE KABYLIE

Combats de Raz-el-Ma, Takitount, Aïn-Rouah, Aïn-Arnat
et de Dra-el-Arba

C'est contre l'étendard du bach-aga MOKRANI qui avait soulevé tous les Kabyles et assiégé Bordj-Bou-Arreridj, que va s'engager le combat de Raz-el-Ma. La colonne fut violemment attaquée à 3 kilomètres du bordj, et on dut faire donner toute l'artillerie et toute l'infanterie pour repousser l'ennemi que nos escadrons chargèrent deux fois. Le 8 et le 10, la colonne eut deux engagements et fit 22 prisonniers.

Le 12, après trois heures de combat, le colonel DE DANCOURT, qui commandait la cavalerie, donna l'ordre au 2ᵉ escadron de chaque régiment d'attaquer en ligne le goum de MOKRANI, pendant que les 6ᵉ se dispersaient en tirailleurs. Au moment où nous allions aborder l'ennemi, nous entendîmes crier que c'étaient les gens du caïd Ben-Zidan, notre allié.

Les 2ᵉ escadrons s'arrêtèrent net. Le goum en profita pour faire une décharge générale et s'enfuir. Cette fâcheuse méprise nous coûta 3 chasseurs tués, 4 blessés et 3 chevaux.

Mais le 7 mai un violent combat livré à Raz-el-Ma, nous coûta quelques blessés, parmi lesquels M. RATIVET, sous-lieutenant. Le succès nous resta néanmoins et les arabes perdirent deux cents hommes.

Nous rentrâmes le lendemain à Aïn-Messaoud, et nous en repartîmes deux jours après pour Aïn-Rouah. Les insurgés couronnaient les hauteurs environnantes ; nous ne pûmes les leur enlever qu'après six heures d'une lutte sérieuse ; la colonne eut 12 tués et 20 blessés ; l'ennemi subit des pertes très importantes.

Le 15 mai, Takitount fut le théâtre d'un combat acharné qui dura de midi à 10 heures du soir ; les arabes perdirent près de 1500 hommes Nous eûmes de notre côté 22 tués et 56 blessés. Le même soir, une grand'garde du 78ᵉ de ligne se laissa surprendre. Presque tous les hommes qui la composaient furent tués ou grièvement blessés.

Le 20, les insurgés réunis en grand nombre attaquèrent la colonne pendant sa marche sur Aïn-Arnat. Ils fermaient tous les passages. Une charge heureuse du 6ᵉ Escadron dégagea la colonne qui reprit sa marche. Le surlendemain, la cavalèrie était allée à Sétif prendre un convoi à destination de Bordj-Bou-

Arreridj. Les arabes l'inquiétèrent, mais ne prononçèrent pas une véritable attaque.

Le 30, la colonne était campée à El-Ouricia, la cavalerie et les tirailleurs partirent à 9 heures du soir pour aller razzier une tribu éloignée de 22 kilomètres. Après une résistance qui se prolongea près de deux heures, l'opération fut menée à bonne fin.

Le Commandant ROBERT D'ORLÉANS, DUC DE CHARTRES, qui était à la tête des escadrons fut blessé le 18 Juin à Takitount qui fut attaqué trois fois dans la même nuit. La cavalerie, les zouaves, les tirailleurs et l'artillerie eurent à soutenir le 23 un combat contre les indigènes du Chàbet-el-Akra ; nous eûmes 2 hommes tués et 17 blessés.

Le 6 juillet, nous étions à Dra-el-Arba. La moitié de la colonne sortit du camp pour repousser une attaque des insurgés ; l'affaire fut très chaude. Deux officiers de francs-tireurs et 10 hommes furent tués. Nous eûmes en outre 15 blessés, dont M. DE LAURISTON, lieutenant au régiment, atteint d'une balle au genou, blessure dont il mourut sept mois plus tard.

Colonne expéditionnaire, Affaire M'Lili

Le 4 juin 1878, le Colonel O'CONNOR du 2e Chasseurs d'Afrique reçut le commandement d'une colonne composée de deux cents Zouaves, sous les ordres du chef de bataillon DE SAINT-ANDRÉ, et de cent-quatre-vingt-dix Chasseurs, Capitaines DE MIRBECK et DE PERCIN-NORTHUMBERLAND. Le Général de division avait formé cette colonne pour couper toute communication entre les contingents révoltés des environs de Géryville et les Haractas, qui paraissaient prêts à s'insurger. Elle partit le même jour et bivouaqua à El-Méhéris. Le lendemain, elle atteignit l'Oued-Cherf.

Le 6 juin, le Colonel O'CONNOR reçut l'ordre de rallier immédiatement sous El-Méhéris le Colonel DUBUQUOY et de prendre le commandement en chef. Il se mit en route à midi et fit arrêter le soir à El-Guerrha près du bordj du caïd des Beni-Mered.

Les deux colonnes firent leur jonction, le 7 au bord de l'Oued-Boussora, point de rendez-vous assigné par le colonel DUBUQUOY. Celui-ci avait été attaqué ; le bruit de la fusillade parvenant jusqu'à la colonne O'CONNOR, pendant qu'elle était en marche, sa cavalerie prit aussitôt les devants, laissant à l'infanterie la garde du convoi. Une charge heureuse des deux escadrons du

2ᵉ Chasseurs d'Afrique commandés par le colonel O' Connor mit les Haractas en déroute, laissant quatre-vingt-quatorze morts sur le terrain et vingt-neuf prisonniers entre ses mains.

Vers deux heures de l'après-midi, les deux colonnes réunies subirent une nouvelle attaque, qui se prolongea jusqu'à la tombée de la nuit et qui amena la défaite complète des dissidents d'Oued-Halia.

Affaire d'El'Amri

Une colonne placée sous le commandement du Chef d'Escadron Colbert, aujourd'hui Général de Division, et composée de 11 officiers, 226 hommes de troupe et 240 chevaux, arriva devant El-Amri le 21 avril ; mais un courrier du général remit au Commandant Colbert l'ordre de retourner sur ses pas s'il n'était pas trop loin de Labrach et d'y camper avec l'infanterie, parce qu'un vent violent soulevant des montagnes de sable rendait très difficile l'établissement d'un bivouac devant El-Amri.

Le 23, à midi, le Commandant Colbert fit reconnaître la face ouest de l'oasis ; la cavalerie détacha des flanqueurs pour couvrir l'infanterie ; le gros des escadrons resta à 600 mètres de l'oasis, hors de la portée efficace des feux de l'ennemi. Le bombardement d'El-Amri commença le 27 ; les escadrons montèrent à cheval à 2 heures du matin et prirent position à quatre kilomètres de la face sud. Le Commandant Colbert, avec le 2ᵉ escadron du 1ᵉʳ spahis, le 3ᵉ escadron du 3ᵉ Chasseurs d'Afrique et le goum de Barika, avait été détaché à 6 heures et demie sur la face sud-ouest. A 9 heures et demie, les vedettes nous amenèrent deux indigènes se disant parlementaires, et porteurs de deux lettres destinées au Général et au Caïd. Le Commandant Colbert les fit envoyer sous escorte au quartier-général. Le bombardement continua le 28. Le 29 au matin, l'ennemi arbora des drapeaux sur toutes les faces de l'oasis. Les principaux chefs et le marabout Ben-Ayech se rendirent au Commandant Colbert ; un peloton du 2ᵉ escadron se rendit dans la soirée au camp du Général de Division pour escorter jusqu'à Batna, avec une compagnie de zouaves, les chefs de l'insurrection.

La colonne expéditionnaire se transporta le 12 mai à l'ouest de Bou-Chagroun où elle se disloqua. Le 16 au matin, les Chasseurs couchèrent à Aïn-Oumachi, le 17 à Biskra, le 18 à El-Outaya où ils

furent assaillis par un orage tel, qu'ils durent lever en hâte
le camp inondé et le transporter sur un terrain plus solide.

Ils rentrèrent à Constantine le 28 mai, après avoir rallié le
22, à Batna, le peloton d'escorte des prisonniers.

INSURRECTION DE 1879

Combat de Coudiat-el-M'Cad

Le 17 Juin 1879, la colonne des Chasseurs d'Afrique franchit le défilé de Tisougarin et arriva de bonne heure à Coudiat-el-M'çad.

Vers midi la présence de l'ennemi fut signalée sur l'oued Bou-Ghissen, dans des terrains boisés et très accidentés. La colonne les attaqua aussitôt ; le 1er peloton du 4e escadron, sous les ordres du maréchal-des-logis chef ARRAGON intervint dès le début du combat et fut soutenu peu après par celui de M. LUCAS. 10 Chasseurs du 1er peloton mirent pied à terre pour débusquer des indigènes cachés derrière une crête boisée. L'un d'eux, nommé DEBROISE, fut blessé à la cuisse et à la main gauche. Par suite de cette dernière blessure, il dut subir l'amputation du petit doigt.

Repoussés sur tous les points, les insurgés se dispersèrent dans des terrains inaccessibles à la cavalerie.

Ces deux combats suffirent pour avoir raison de l'insurrection. Elle n'avait été ni sérieusement préparée, ni dirigée par un chef ayant quelque valeur. Les mesures de répression prises immédiatement l'empêchèrent de se propager. Elle n'en coûta pas moins la vie à un grand nombre d'indigènes. Ceux-ci, fuyant vers le Sud, s'écartèrent de la ligne des puits gardés par les postes. 200 d'entr'eux environ périrent de soif. Leurs cadavres, desséchés par le soleil, furent retrouvés peu de temps après.

Le Colonel GAUME, proposé pour le grade de Général à la suite de cette expédition, fut nommé le 19 février 1880, et fut remplacé par le Colonel D'ALINCOURT.

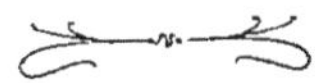

DEUXIÈME EXPÉDITION DE TUNISIE

LES régiments venaient à peine d'être remis en état de faire campagne qu'ils reçurent l'ordre de partir pour une nouvelle expédition en Tunisie.

Combat d'Enchir-Sbiba

Les goums qui éclairaient la route signalèrent des forces considérables. Bientôt, en effet, nous aperçumes une cavalerie nombreuse appuyée par des fantassins postés dans les ravins desséchés qui sillonnent la plaine.

Le Colonel DUBUQUOY fit arrêter la tête de colonne et porta l'infanterie en avant, avec une batterie montée de 80. Un feu nourri et bien dirigé nous ouvrit la route ; l'ennemi tenta une diversion sur le flanc droit de nos escadrons qui mirent de suite pied à terre et joignirent leur feu à celui de l'infanterie, peu nombreuse sur ce point. Les Tunisiens s'étant repliés, nous reprîmes la marche, précédant la colonne d'un kilomètre et nous arrêtant fréquemment pour riposter au tir des indigènes.

Ceux-ci, rapidement convaincus de la supériorité de nos armes, se contentèrent de rester en vue, mais se tinrent hors de portée. Nous ne subîmes aucune perte.

Le camp fut établi à Enchir-Sbiba, où nous trouvâmes de nombreux silos de paille et de bois. La colonne y passa la journée du 24.

Combat de Coudiat-el-Alfa

Le 25, vers 7 heures du matin, le Général BONIE fit déployer en bataille les escadrons de tous les régiments. Les 6ᵉ se placèrent à l'aile droite en colonne de pelotons. Au début de cette charge, le Colonel DUBUQUOY voulant retenir son cheval emporté fut pris en travers par deux chasseurs et tous trois roulèrent à terre. L'attaque ne fut pas ralentie, mais un peloton du 6ᵉ escadron se détacha pour protéger le Colonel que la violence du choc avait étourdi. Une cinquantaine de cavaliers indigènes qui s'étaient ralliés derrière nous se dirigeaient sur le groupe formé par le colonel, les deux chasseurs, le médecin et M. DIETRICH. M. CARLE DE CARBONNIÈRES, commandant le 4ᵉ peloton, laissa quelques hommes à pied près de ce groupe, et avec le reste de son peloton chargea vigoureusement les cavaliers tunisiens. Il les dispersa à l'arme blanche et revint avec une légère blessure à la main, la visière de son képi fendue par un coup de flissa et la lame de son sabre faussée. Quelques hommes de son peloton avaient reçu de légères blessures.

Derrière nous, le ravin était libre, mais en avant de notre droite, l'infanterie ennemie continuait de diriger sur nous un feu des plus vifs. M. Moreau, du 6ᵉ escadron, envoyé sur ce point et trouvant un passage, s'engagea dans le ravin à une allure vive, puis se rabattit à gauche et fit place nette sur une longueur de 400 mètres, en sabrant une dizaine d'hommes qui se laissèrent surprendre.

Comme il était toujours facile à l'ennemi de reprendre position dans cet abri, on profita de ce moment de répit pour porter notre carré un peu plus en arrière. Ce mouvement rétrograde fut le signal d'une charge des cavaliers tunisiens ; mais nos Chasseurs d'Afrique conduits par le Capitaine DE CONLONJON eurent raison de cette dernière résistance. A part quelques coups de feu tirés au hasard, l'engagement prit fin vers 10 h. et demie. La route était libre et la colonne put reprendre sa marche.

Cette affaire fut des plus honorables pour les 3ᵉ et 4ᵉ Chasseurs d'Afrique qui, avec un peloton de spahis et 100 cavaliers du goum, avaient tenu tête à plus de 8,000 ennemis, les avaient repoussés et leur avaient tué beaucoup d'hommes. 200 cadavres furent comptés sur le terrain après ce fait d'armes.

Le camp fut établi près de l'Oued-el-Atob.

Nos pertes dans cette journée furent les suivantes : le chasseur PARRA tué ; 1 officier, M. DE CARBONNIÈRES, légèrement blessé ; 9 chasseurs blessés, BRET, CHEVALIER, ARMAND, DEFOURS RETALI, RORET, POMMIER. QUINTHIC. HÉQUETTE.

Le Colonel DUBUQUOY avait eu le visage contusionné dans sa chute et son cheval tué sous lui.

Le lendemain, nous découvrîmes l'ennemi à 2 heures et demie. Ses fantassins garnissaient la lisière d'un bois, 300 cavaliers se déployaient sur notre front et 200 menaçaient notre aile droite. Pendant que les Hussards qui avaient mis pied à terre attaquaient le bois, les 1ᵉʳ, 3ᵉ et 4ᵉ Chasseurs d'Afrique reçurent l'ordre de le tourner par la gauche. Devant cette menace l'ennemi abandonna son refuge. Nous vîmes s'enfuir vers la montagne des hommes armés, des femmes, des enfants et d'immenses troupeaux.

Le Général Bonie prescrivit aux Chasseurs d'Afrique de gagner de vitesse les cavaliers Tunisiens qui tentaient de retarder notre marche, de les couper et de barrer le passage à tout ce qui pourrait encore être atteint. Ce mouvement eut un plein succès. La nuit arrivait ; nous étions à 30 kilomètres du camp et les troupeaux dont nous nous étions emparés comptaient plus de cent mille têtes. De plus les cavaliers du goum, tout au pillage, nous avaient abandonnés. Les colonels prescrivirent de se retirer par échelons. Nos escadrons reçurent l'ingrate mission de pousser devant eux cet immense bétail. Mais en dépit de nos efforts et du clair de lune qui nous favorisait, cette masse d'animaux peu dociles nous débordait sans cesse rendant la marche fort difficile. Puis se réglant sur des fusées que le Général en chef faisait tirer au camp, ils purent assurer leur direction et arriver à l'Oued-Djelma à 3 heures du matin. Nos chevaux chargés marchaient depuis 29 heures. Cinq d'entr'eux avaient été tués dans l'engagement.

Bien que l'expédition eût obtenu la soumission complète de la Tunisie, grâce à l'énergie et à l'habileté avec lesquelles elle avait été conduite par le Général Forgemol de Bostquénard, on jugea prudent de laisser à Tébessa une colonne mobile sous les ordres du Lieutenant Colonel Senart, commandant supérieur de Tebessa.

Pendant le quart de siècle qui nous sépare de l'année terrible plus heureux que bien d'autres, les Chasseurs d'Afrique eurent quatre fois la bonne fortune d'affiler leurs sabres. Comme toujours ils s'en sont servi. Dans ces expéditions, ils reçurent des éloges qu'ils sont heureux d'obtenir et fiers de mériter. Vaillants en campagne, laborieux pendant la paix, ils tiennent à justifier dans l'avenir comme dans le passé, ces mots dont le Général d'Uzès saluait leurs premiers pas dans la carrière :

Honneur et Gloire

aux Régiments de Chasseurs d'Afrique !

LISTE DES MEMBRES

Honoraires et Adhérents

Faisant une Remise aux Membres de la Société

F. LEVÉE, PAPIERS EN GROS, 8, rue du Sentier

Impressions, Registres, Articles de Bureau

Remise de 7 0/0 sur les articles pris au comptant au magasin

CH. LEMAIRE, Architecte-Vérificateur - Gérances

94, Rue Legendre

Mardi et Vendredi, de 9 à 11 h. — Remise aux Sociétaires

P. COSTES, *Casquettes en tous genres sur mesure*

20, rue Michel-le-Comte

Livraison dans la journée — 20 0/0 au comptant

A. BLANC, Peinture, Vitrerie, Décoration, Papiers peints

11, Faubourg Saint-Martin

Rabais sérieux

PIERRET & R. MANGEOT, 8, rue Saint-Anastase

BRONZE ET MARBRE

Font une remise de 10 0/0

Eugène FALCONER, 246, rue Saint-Jacques

Imprimeur-Lithographe

Fait une remise de 15 0/0

Eugène THÉBAULT, 1, rue d'Avron, ROSNY-sous-BOIS

NOUVEAUTÉS, MODES, VENTE & LOCATION D'IMMEUBLES

Fait une remise de 5 et 10 0/0 suivant articles

Lucien GILLES, 18, rue du 14-Juillet, PRÉS-St-GERVAIS

ÉPICERIE ET VINS

Fait une remise importante

JOSEPH PEYRE, 40, rue de St-Cloud - **Ville-d'Avray**

MENUISERIE

Fait une remise de 10 0/0

Mme LECOURT, 11, Rue Lauriston

TEINTURERIE - *On prend et on livre à domicile*

Fait une remise de 5 0/0

Marius DAHETZE, 204, *Rue Saint-Antoine*

Boulangerie-Patisserie

Fait une remise de 5 0/0

François LAGROS, 20 ^{bis}, rue des Couronnes - *VINCENNES*

MARCHAND BOUCHER

Fait une remise de 5 0/0

FERRY, CONSTRUCTIONS MÉTALLIQUES

65 et 67, *Rue de Pontoise*, à **L'ISLE-ADAM** (Seine-et-Oise)

Fait une remise de 5 0/0

BIGNON, 15, Place d'Aligre

Marchand de Vins

Fait une remise de 10 0/0

Jules MAUGENET, PROFESSEUR D'ESCRIME

50, Boulevard Haussmann

Fait une remise de 20 0/0

Antonin MAUREL, 15, Rue Notre-Dame de Lorette

ENTREPRENEUR DE TRAVAUX PUBLICS

Rabais sérieux

Imp. J. Bossu, 9, rue Beauregard, Paris.

www.ingramcontent.com/pod-product-compliance
Ingram Content Group UK Ltd.
Pitfield, Milton Keynes, MK11 3LW, UK
UKHW020953220726
13924UKWH00002B/660